AF467168

NOUVELLE

# REVUE HISTORIQUE

DE

# DROIT FRANÇAIS ET ÉTRANGER

PUBLIÉE SOUS LA DIRECTION DE MM.

**Rodolphe DARESTE**
Membre de l'Institut,
Conseiller à la Cour de Cassation.

**Adhémar ESMEIN**
Professeur à la Faculté de droit de Paris,
Directeur-adjoint à l'École pratique
des Hautes-Études.

**Marcel FOURNIER**
Agrégé à la Faculté de droit de Caen,
Archiviste-Paléographe.

**Joseph TARDIF**
Docteur en droit, Archiviste-Paléographe.

**Maurice PROU**
Bibliothécaire à la Bibliothèque Nationale.

**Georges APPERT**
Docteur en droit,
Secrétaire de la Rédaction.

LA SOLIDARITÉ DE LA FAMILLE EN GRÈCE

## ET LA MÉTHODE DU DROIT COMPARÉ

**d'après un livre récent**

Par P. HUVELIN
Professeur à la Faculté de Droit de l'Université de Lyon

LIBRAIRIE
DE LA SOCIÉTÉ DU RECUEIL J.-B. SIREY ET DU JOURNAL DU PALAIS
Ancienne Maison L. LAROSE & FORCEL
22, *rue Soufflot*, *PARIS*, 5e *arr.*
**L. LAROSE & L. TENIN, Directeurs**

# LA SOLIDARITÉ DE LA FAMILLE EN GRÈCE

ET LA

## MÉTHODE DU DROIT COMPARÉ

## (D'APRÈS UN LIVRE RÉCENT)

L'étude de M. Glotz sur *la solidarité de la famille dans le droit criminel en Grèce* (1) a été présentée comme thèse de doctorat à la Faculté des Lettres de l'Université de Paris. Il n'est pas inutile de résumer rapidement la substance de ce livre excellent, car il renferme beaucoup plus de choses qu'on ne pourrait le croire à première vue, beaucoup plus surtout que n'en promet son titre. Ce titre ne parle que de *droit criminel*, et nous serions tentés de penser, enchaînés par nos habitudes de terminologie, qu'il ne traite que du droit public répressif. En réalité, comme l'auteur étudie surtout une époque où le droit criminel rentre tout entier dans le droit privé, une époque aussi où il n'y a pas de sanctions restitutives des rapports juridiques, c'est toute la primitive histoire de la procédure grecque, et de beaucoup d'institutions sanctionnées par cette procédure, qu'il nous offre. Les sanctions originaires du droit sont des sanctions familiales; mais les sanctions familiales rétrogradent devant les sanctions étatiques, au fur et à mesure que la famille disparaît comme unité sociale et se fond dans l'État. D'où la division logique que suit M. G. : 1° la famille autonome; 2° la lutte entre la famille et la cité; 3° la cité souveraine.

(1) Paris, 1904, 621 p. in-8°, Fontemoing.

⁂

1° *Période primitive. La famille autonome.* — A vrai dire, nous ne pouvons remonter assez haut, en Grèce, pour rencontrer des groupements familiaux pleinement autonomes, fondés exclusivement sur la communauté du sang. Dès le temps des poèmes homériques, les groupements familiaux tendent à se morceler, puisque le mot γένος désigne non seulement le clan, c'est-à-dire la large communauté des hommes prétendant remonter à un auteur commun, mais encore la famille étroite comprenant les proches qui vivent au même foyer. Par l'effet de la révolution économique qui a superposé l'économie commerciale et coloniale à l'ancienne économie agricole, et par l'effet de la révolution politique qui a suivi cette révolution économique, le γένος a perdu de bonne heure son indépendance et pris place dans les cadres de la cité; mais sa constitution particulariste s'est suffisamment maintenue pour qu'on puisse, à l'aide des survivances, restituer les grands traits de son régime autonome ancien (p. 3-18).

La solidarité du γένος se marque surtout dans les sanctions du droit. On peut, à cet égard, définir le γένος *une communauté juridique fermée*. Le γένος exerce la pleine justice sur tous ses membres; en outre, il se solidarise avec ceux d'entre eux qui ont un litige avec un γένος étranger. Il y a donc lieu de distinguer deux systèmes de sanctions du droit : 1° la justice répressive exercée par le γένος sur ses ressortissants (que les Grecs primitifs nomment θέμις); 2° les représailles et vengeances exercées par une famille contre une autre (qu'ils nomment δίκη).

La θέμις est le droit coutumier interne de la famille. Elle comprend l'ensemble des sentences et décisions isolées (θέμιστες) émises, au hasard des occasions, par les rois successifs du γένος, et transmises par la tradition. Ces décisions passent pour révélées par les dieux, et jouissent d'une autorité surnaturelle et absolue. La θέμις définit les infractions et les frappe. Elle a pour sanction la mise du coupable hors la religion et hors la loi. Cette excommunication, qui est en même temps une proscription, porte le nom d'*atimie;* pendant longtemps elle aboutit pratiquement à une sorte de chasse à l'homme, suivie de curée chaude. Plus tard, l'atimie s'adoucit; on en voit apparaître des formes atténuées, qui n'entraînent plus la mort ou l'expulsion violente de celui qu'elles frappent, mais qui le mettent du moins dans la situation sociale la plus misérable : ces formes équivalent à une véritable mort civile. Parfois elles se traduisent par une vente au pilori qui fait de l'indigne un esclave. Dans tous les cas d'atimie, le coupable exclu du γένος perd ses droits au tombeau commun; on lui refuse la sépulture (p. 19-31). — Dans la famille étroite, le chef a une puissance souveraine. Sa femme et ses enfants lui appartiennent comme des choses; il en dispose à son gré, et peut leur infliger tous les châtiments. Mais ce n'est pas en son nom personnel, c'est au nom du γένος entier qu'il exerce ce pouvoir, et la juridiction du γένος, supérieure à la sienne, peut prévenir ses excès ou remédier à ses faiblesses : on trouve en effet en Grèce des vestiges de l'institution du *conseil de famille*, qu'on voit intervenir chaque fois qu'il se produit une attaque du dehors ou du dedans (p. 31-46).

Les délits (et surtout le délit par excellence, le meurtre) qui ont pour auteur un membre d'un autre γένος ne peuvent donc comporter de sanction intrafamiliale. La seule sanction est internationale; c'est la guerre, c'est-à-dire la vengeance du γένος lésé. Mais cette vengeance, qui n'est peut-être à l'origine qu'une réaction passionnelle aveugle et sans frein, prend bientôt un caractère social. Elle s'entoure de règles et de limites, que lui tracent les dieux et l'opinion publique (δήμου φάτις). Aussi les offenseurs, même les plus puissants, n'osent-ils résister à la vengeance encourue. La religion et les mœurs font de la vengeance un devoir imprescriptible pour le γένος offensé. On ne s'y soustrait pas sans honte; on l'accomplit avec joie, et on y gagne la gloire (p. 46-59). Le devoir de vengeance est d'ailleurs un devoir envers le trépassé, et fait partie des obligations cultuelles qui perpétuent la solidarité des morts avec les vivants. La mort, pour les Hellènes, n'entraîne pas la destruction complète de l'être; elle n'est qu'une moindre vie. La victime d'un meurtre devient fantôme pour tourmenter son meurtrier; et celui-ci, qui redoute cette vengeance d'outre-tombe, et qui sait que l'âme garde la trace des blessures reçues par le corps, a souvent la précaution de mutiler sa victime (ἀκρωτηριασμός et μασχαλισμός). Pour le désespéré, le suicide constitue une arme suprême. Le suicidé se fait vampire pour torturer un adversaire autrement inattaquable, ses enfants, sa famille et dévaster tout un pays. Dans cette survie, le mort ne rompt pas davantage les liens de solidarité qui l'attachent aux siens : et c'est au nom de cette solidarité persistante qu'il veut être vengé. Pardonne-t-il avant de mourir? La vengeance s'arrête. Dénonce-t-il le meurtrier? La vengeance devient inéluctable. C'est sur sa tombe que ses champions déclarent la vendetta en termes sacramentels. Entre eux et lui, la collaboration reste constante. Il ranime leur courage, et les punit s'ils faiblissent. C'est encore sur sa tombe qu'on immole, si on le peut, les victimes auxquelles il a droit (p. 59-76).

A qui incombe l'obligation de venger le mort? Ce n'est pas nécessairement à ses héritiers; c'est avant tout aux parents qui habitent au même foyer (père, frères, fils, petits-fils), puis aux autres membres de la famille (collatéraux, y compris les parents par les femmes, et même simples alliés); enfin, à tous les membres du γένος au sens large, ou de la phratrie (ἔται de l'épopée homérique). Les femmes ne peuvent exercer elles-mêmes la vengeance; mais elles excitent ceux qui l'exercent; chargées de pleurer les morts de la famille, elles passent vite des sanglots aux cris de guerre, quand le mort a été frappé par la main d'un ennemi (p. 76-93).

Mais la vengeance du sang n'aboutit pas toujours à un dénouement sanglant. Si rudes que soient les Grecs de l'époque primitive, ils connaissent la clémence et la pitié. Les poèmes homériques nomment αἰδώς le sentiment des devoirs et des égards que la θέμις impose aux hommes vis-à-vis de leurs parents, de leurs concitoyens, hôtes ou alliés, et même vis-à-vis de leurs ennemis abattus et suppliants. Plus tard à Athènes, le substantif abstrait αἴδεσις désignera la transaction qui réconcilie le meurtrier et la famille de sa victime (p. 94-103). Mais rarement l'αἴδεσις est désintéressée. D'ordinaire le vengeur ne renonce point gratuitement à son ressentiment; il exige une composition, une ποινή (c'est-à-dire, étymologiquement, une *compensation*). En étudiant, dans leur succession chronologique, les sens du mot ποινή, et de l'expression τὰ ἄποινα, par laquelle les poèmes homériques désignent spécialement la rançon de l'offenseur, on constate un progrès insensible, mais constant, des idées qui guident les hommes vers des solutions moins brutales de la vengeance. Et l'on voit se constituer et se juxtaposer les trois éléments que comprend la composition, c'est-à-dire : 1° Le prix du sang (ποινή *stricto sensu*) ; 2° La rançon (ἄποινα) ; 3° Le prix de l'honneur (τιμή). La ποινή et la τιμή varient selon le rang de l'offensé, les ἄποινα selon le rang de l'offenseur (p. 103-114).

Aux temps des poèmes homériques, la composition reste libre et volontaire ; elle n'a encore aucun caractère légal, et la société n'interpose son autorité ni pour obliger les parties à l'αἴδεσις, ni pour fixer le montant de la ποινή. Nous ne possédons, quoi qu'on ait dit, aucun témoignage qu'on puisse invoquer en sens contraire. Dans la scène judiciaire figurée sur le bouclier d'Achille, — scène qui a été si diversement interprétée, — le débat porte, non point sur la question de savoir s'il faut condamner un meurtrier à payer une ποινή, mais seulement sur la question de savoir si une ποινή librement consentie a été versée, et si le débiteur va payer de son corps ce qu'il n'a pas payé autrement. Mais la société reste neutre dans les pourparlers de réconciliation. Seules les familles des intéressés y interviennent. L'αἴδεσις requiert d'ailleurs le consentement unanime du groupe lésé ; elle doit donc être publique. Malgré l'obstacle que cette condition favorable aux préjugés ataviques met aux transactions, celles-ci se multiplient. La ποινή, toujours fort élevée, tente la cupidité des offensés, et, si l'offenseur échappe à la mort, ce n'est que par la ruine. Mais, là aussi, certaines règles commencent à se faire jour. Des coutumes s'ébauchent. Le sentiment populaire tend à tarifer les compositions, au moins pour certains délits (adultère par exemple) (p. 115-134).

Tout n'est pas fini par le paiement de la rançon, il faut encore une procédure officielle de réconciliation. Le traité de paix privée se nomme φιλότης. Il restaure l'égalité rompue entre les familles belligérantes : d'où le proverbe Ἰσότης φιλότης, qui rend originairement cette idée fruste : « les bons comptes font les bons amis ». Ces traités de φιλότης entre familles autonomes ressemblent tout à fait aux traités publics ; ils rappellent aussi les traités de pacification intérieure et d'amnistie par lesquels finiront tant de guerres civiles du VII<sup>e</sup> au IV<sup>e</sup> siècle (p. 135-148). Ils comportent le même cérémonial formaliste. Le traité reçoit une grande publicité. On constate d'abord la remise de la ποινή dans l'Agora, devant tout le peuple, car la φιλότης ne peut intervenir qu'après le paiement intégral de la ποινή. Puis on échange les serments; on immole une victime; on procède à des libations de vin. Le sang et le vin versés symbolisent l'imprécation jointe au serment, et montrent à tous la destinée du parjure. A un moment, les contractants se donnent la main (*paumée*). Un festin scelle la réconciliation. Chacune de ces formalités a sa signification. Dans les civilisations les plus diverses, la communion au sacrifice et le repas pris en commun créent un lien artificiel de parenté entre ceux qui y participent. Ces formes servent également à établir des rapports d'hospitalité, de fraternité, d'adoption, de mariage. Il semble certain que la φιλότης a le même effet : elle introduit l'offenseur étranger au sein de la famille offensée, pour y remplacer le mort par son meurtrier (p. 148-164).

L'offenseur ne porte pas seul le poids de la vengeance. Son γένος, lié à lui, se trouve exposé aux mêmes violences. Quelquefois les enfants d'un coupable paient pour lui; ou bien un parent se substitue volontairement à un autre pour le châtiment à subir. Cette responsabilité collective se transmet héréditairement de génération en génération. Il n'existe qu'un moyen d'échapper à cette terrible solidarité; c'est d'abandonner le coupable à la vengeance de l'offensé. Cet abandon (noxal) résulte d'une décision solennelle et unanime du γένος. L'offenseur ainsi abandonné est mis à mort ou devient esclave. Plus tard, dans la famille étroite, le chef pourra aussi échapper, par l'abandon noxal, aux conséquences des dommages causés par son fils, son esclave, son animal, et même par sa chose. — Un γένος a non seulement une responsabilité *personnelle*, lui incombant parce qu'un de ses membres a commis un délit, mais encore une responsabilité *réelle*, lui incombant parce qu'un délit a été commis dans son territoire par un coupable inconnu. Mais le γένος peut aussi répudier cette solidarité en portant contre ce coupable, quel qu'il soit, une sorte de décret de proscription et d'anathème. La solidarité passive du γένος avec le coupable tend d'ailleurs à disparaître bien plus vite que la solidarité active du γένος avec l'offensé (p. 164-192).

Au delà du γένος, la solidarité active ou passive atteint même les voisins. Cela vient peut-être de ce qu'originairement tous les parents sont voisins, et tous les voisins sont parents. Lorsque se différencient les communautés familiales et les communautés territoriales, leurs solidarités respectives se différencient aussi par leur objet. Celle du γένος s'applique surtout aux attentats contre les personnes, celle des voisins aux attentats contre la propriété. Ainsi les voisins interviennent dans la poursuite du vol. Lorsque le volé suit à la piste son voleur, les voisins l'accompagnent; et même ils se cotisent pour l'indemniser en cas d'insuccès. Le volé recourt-il à la perquisition domiciliaire (φώρα), ses voisins l'assistent, d'abord comme aides, plus tard comme témoins. Les voisins servent aussi de cojureurs au propriétaire qui veut repousser une saisie privée. Enfin les voisins interviennent dans les aliénations immobilières. Comme la solidarité du γένος, la solidarité des voisins décroît avec le temps. Elle se manifeste d'abord par un véritable concours matériel, pour se réduire plus tard à un simple témoignage (p. 193-208).

La solidarité peut s'étendre plus loin encore, jusqu'au groupe social le plus large, jusqu'à la cité. Les membres d'une cité encourent des représailles sur leurs personnes ou sur leurs biens, non seulement pour les délits collectifs ou pour ceux dont l'auteur est inconnu, mais encore pour les délits commis individuellement par leurs concitoyens. La cité n'évite ces représailles qu'en abandonnant le coupable. De son côté, la cité de l'offensé prend en mains sa cause, et exerce les représailles en son nom. Ces représailles collectives ne prennent fin que par un traité. Les traités d'ἀσυλία, que les villes grecques concluent plus tard en si grand nombre pour garantir la vie et les biens de leurs nationaux à l'étranger, ont pour antécédents de véritables traités de paix, qui servaient à régler un litige déterminé et à éteindre des représailles. Peu à peu le système des représailles s'adoucit. Tandis que, au début de l'époque épique et légendaire, les représailles n'ont ni limite ni mesure, on voit avec le temps s'introduire la double idée d'une proportionnalité entre la représaille et l'offense, et d'un délai pour l'exercice de son droit. Puis les représailles deviennent exceptionnelles, et elles n'autorisent plus que des saisies provisoires de gages mobiliers ou d'otages (p. 209-222).

⁂

2° *Période de transition. La cité contre la famille.* — Durant le Moyen âge hellénique (du VIII$^e$ au VI$^e$ siècle), le γένος morcelé en familles perd son autonomie et sa force ; la justice familiale s'affaiblit, si bien que les hommes ont le sentiment d'une déchéance, et qu'Hésiode oppose l'âge de fer contemporain à l'âge d'or passé. C'est la religion qui remédie à cet état de choses, et prépare les voies à la justice sociale, en faisant du délit un péché. Aux yeux de la religion, le meurtre imprime au meurtrier une souillure morale, tenace et contagieuse. L'être souillé, exclu des sanctuaires, excommunié, doit fuir l'animadversion universelle, jusqu'au jour où une purification expiatoire lui rend sa place dans la cité. Aux influences religieuses se joignent des influences politiques et économiques. La révolution qui, en achevant de désorganiser les γένη, amène la décadence du régime oligarchique et l'avènement de la démocratie, aboutit aussi au triomphe de la justice sociale. Celle-ci perd son caractère arbitral pour s'imposer impérativement à tous. Les partis nouveaux réclament la rédaction des coutumes : d'où les codifications attribuées à Zaleukos, à Charondas, à Dracon, à Philolaos, à Pittakos, à Androdamas. Les δίκαι, jusque-là presque ésotériques, et connues de rares initiés, qui pouvaient en user arbitrairement, deviennent accessibles à tous (p. 223-243).

Le premier effort de la justice sociale est dirigé contre les excès de la responsabilité familiale ; il tend à limiter au seul coupable les effets de la vengeance du sang. Quoique le droit grec soit moins riche que d'autres droits en témoignages sur cette évolution, on peut citer en ce sens une loi éléenne, rendue vers les confins du VII$^e$ et du VI$^e$ siècle, qui paraît avoir pour but de limiter le droit de l'offensé, et de protéger contre les excès de la vengeance la personne de l'offenseur, ses biens, sa famille et son clan, en interdisant l'abus des voies de fait et des rançons, et en abolissant la responsabilité collective des parents et des ἔται (p. 244-259).

La solidarité active de la famille dure davantage. Les biens demeurent soumis au régime de la copropriété familiale jusqu'à une époque où les obligations se sont individualisées. D'où cette conséquence rigoureuse : un délinquant qui n'a pas d'acquêts personnels ne peut rien aliéner des biens familiaux pour payer la ποινή, et échapper à la servitude pénale. Mais de bonne heure certaines lois (et notamment la loi de Gortyne) y remédient en autorisant dans ce cas un partage des biens familiaux. Le délinquant peut désormais payer la ποινή sur sa part. De là cette idée que l'obligation de payer la ποινή est liée au patrimoine du coupable, et, par suite, que la dette passe à la charge de ceux qui recueillent ce patrimoine. On aboutit ainsi à la transmission passive des obligations délictuelles contre les héritiers. Cette transmission était inconnue du très ancien droit, puisque originairement la mort du débiteur libérait sa famille (comme son expulsion), et que le créancier n'avait d'autre ressource que de saisir son cadavre, et de le priver de sépulture, pour obliger ses proches à le racheter. Aussi admet-on, lorsque s'introduit le principe de la transmission des dettes à l'héritier, certaines limites et certains correctifs à cette transmissibilité. La loi de Gortyne permet par exemple à l'héritier de se libérer en abandonnant aux créanciers du *de cujus*, par une sorte de bénéfice d'inventaire, tout l'actif de la succession (p. 260-270).

La justice sociale s'en prend aussi à la vengeance du sang. Ces vendettas indéfiniment héréditaires, ces enchaînements de razzias et de massacres troublent profondément l'ordre public. Avant de les supprimer tout à fait, la coutume les réglemente restrictivement; chaque famille sera représentée par un nombre égal et limité de champions, ou même par un champion unique. La vengeance fait place au *duel*. Il est vrai qu'en Grèce les témoignages historiques nous montrent le duel fonctionnant surtout pour vider des querelles internationales. Mais il y a des indices de son emploi dans des querelles privées. Le mot ἀγών désigne dans la langue classique à la fois une lutte gymnique, dramatique et musicale, et un procès. Les concours solennels des temps historiques descendent directement des très anciennes luttes par lesquelles se tranchaient les questions de droit. Les jeux funéraires par exemple servaient à opérer l'attribution ou le partage d'une succession. L'aréopage tire son nom de la colline d'Arès, parce que celle-ci était le champ clos réservé aux combats judiciaires des meurtriers avec les champions de leurs victimes. Le duel fonctionnait ainsi comme une simplification de la vengeance, dont il limitait les répercussions ; mais remarquons qu'on ne le regardait pas, à l'origine, comme un jugement de Dieu. Le duel n'a pas servi, en Grèce, de moyen de preuve, ce qui explique pourquoi il a survécu moins longtemps dans ce pays que dans d'autres (p. 271-287).

Une autre survivance adoucie de la vengeance du sang se retrouve dans le système de la *cojuration*, qu'on rencontre dans l'ancien droit grec, comme dans la plupart des droits primitifs : au lieu d'intervenir par les armes dans la lutte, les parents se bornent à assister en justice leurs parents, et à jurer pour eux (cojureurs, ὁμωμόται). Ainsi l'on évite l'effusion du sang, puisqu'on peut, par une simple appréciation des forces en présence, donner gain de cause au parti le plus fort. Cette solution moins violente devient aussi plus équitable, car désormais les parents, moins échauffés par la lutte, peuvent réfléchir à la justice d'une cause avant de jurer pour elle. La cojuration grecque se présente donc anciennement comme une vengeance atténuée, et non comme un moyen de preuve. Mais la cojuration se transforme lorsque se relâche le lien familial. A Athènes, la codification de Dracon n'exige plus la cojuration que des parentèles les plus proches, mais elle demande que l'adhésion de celles-ci soit unanime. A Gortyne, à Kymé, au contraire, on fixe un minimum de cojureurs, sans spécifier leur degré de parenté ; on se contente même de non-parents, par exemple de voisins. Les cojureurs-parties cèdent ainsi la place à des cojureurs-témoins ou même à des cojureurs-arbitres (p. 288-298).

L'évolution ainsi commencée par la coutume non écrite se continue par la législation. Dracon, à qui est due la première codification athénienne (621), ne se borne pas à réunir et à publier les coutumes rassemblées pendant une partie du VII^e^ siècle par les thesmothètes ; il fait aussi œuvre d'initiative personnelle, puisqu'il consacre définitivement la distinction du meurtre volontaire et du meurtre involontaire, et puisqu'il s'efforce consciemment de substituer le régime de la répression sociale à celui de la vengeance privée : de là la rigueur de son système pénal, car il faut bien mettre toute la puissance de la société au service de l'offensé pour que celui-ci fasse le sacrifice de sa vengeance. Malgré cette tendance favorable à la justice sociale, il va de soi que toute la répression porte encore l'empreinte de ses origines. La juridiction familiale reste compétente pour les crimes commis dans l'intérieur de la famille : et c'est ce qui a pu accréditer l'erreur de l'immunité que Dracon aurait accordée à certains crimes, par exemple au parricide. La poursuite du meurtre devant la justice sociale et l'exécution du meurtrier appartiennent aux proches (mais aux proches seulement) de la victime. La famille lésée n'est d'ailleurs pas tenue d'engager la poursuite; comme par le passé elle peut transiger, à condition que les proches soient unanimes à accepter la transaction. Enfin, si le meurtre involontaire est moins rigoureusement traité qu'autrefois, tout au moins le meurtrier doit-il s'exiler jusqu'à ce qu'il ait obtenu la grâce de la famille lésée; mais, pour cette grâce, l'unanimité n'est plus requise; le pardon d'un seul membre de la famille suffit. — Ainsi le bloc familial se trouve entamé sur bien des points (p. 298-324).

Plus importante encore est l'œuvre législative de Solon. Toute la politique de Solon vise à affaiblir les γένη dans leur action extérieure et leur constitution interne. Au point de vue des biens, les γένη vivaient encore dans un régime atténué de copropriété. Solon autorise probablement les aliénations foncières entre membres de γένη différents; en tout cas il ne restreint jamais, quoi qu'on ait dit, la capacité d'acquérir la terre. Il appelle les femmes à la propriété foncière, soit en limitant le chiffre des dots mobilières (sans doute pour obliger les familles à augmenter d'autant les dots immobilières), soit en supprimant leur incapacité successorale, et en décidant que les mâles ne les primeraient qu'à parenté égale, soit enfin en réglementant l'épiclérat de façon à déjouer les convoitises des collatéraux et à favoriser le morcellement du patrimoine familial. De même, il laisse aux bâtards un droit de succession assez large. Enfin, s'il ne crée pas le testament, — car on connaissait avant lui l'adoption testamentaire au profit des personnes qui n'avaient pas d'enfants — il innove tout au moins en permettant à ces personnes de choisir leur héritier en dehors du γένος (p. 325-348). Enfin, en supprimant la servitude pour dettes, il substitue, comme garantie des obligations, le patrimoine du débiteur à sa personne physique : la règle « qui s'oblige, oblige le sien » suppose nécessairement un régime de propriété individuelle (p. 361-368). Par toute cette réglementation la propriété foncière se mobilise, affranchie des entraves anciennes.

Les personnes s'affranchissent aussi. Grâce à Solon, les membres du γένος tendent à se libérer des liens étroits de solidarité qui les enchaînent. Solon limite les effets de la puissance paternelle. Le père conserve bien, il est vrai, le droit d'exposer ou de tuer les nouveau-nés, mais ce droit ne peut s'exercer que jusqu'au jour où il les reconnaît pour siens, et les présente à la cité en célébrant les *Amphidromia*. A partir de ce jour il perd son droit de vie et de mort sur ses enfants, et même la faculté de les vendre (sauf une exception pour la fille prise en faute). Il n'a contre les fils indignes d'autre arme que l'exclusion de la maison paternelle, entraînant l'exhérédation (ἀποκήρυξις), et encore sauf appel devant les tribunaux de l'État. Sa puissance se réduit à un simple droit de tutelle et de correction, droit perpétuel, il est vrai, pour les filles, mais qui, pour les fils, ne dure jamais que jusqu'à leur majorité. Les fils majeurs ne sont tenus, vis-à-vis de leurs ascendants, qu'à certaines obligations définies et limitées (aliments; funérailles et sépulture; respect), sanctionnées par de sévères pénalités (p. 349-361).

Le développement de la justice sociale amène la création d'*actions publiques* (γραφαί) à côté des actions privées anciennes (δίκαι). Solon permet en effet à « qui voudra » (τῷ βουλομένῳ) d'agir pour obtenir la répression de certaines injustices, et, spécialement, pour secourir les faibles maltraités. Mais on ne peut s'attendre à trouver ici un système complet de répression publique. L'intrusion de la justice publique dans les questions d'homicide aurait encore froissé les consciences. Aussi Solon conserve-t-il le privilège des parents en matière de poursuite et de transaction pour meurtre. Il n'écarte ce privilège que dans un cas, lorsque, à la suite d'une δίκη φόνου, une sentence de bannissement a été prononcée contre le meurtrier. Dès lors, par respect pour le jugement intervenu, les parents ne peuvent se réconcilier avec lui (p. 369-382).

Les actions délictuelles privées, si elles se maintiennent, ne laissent pas de se transformer. La composition, de volontaire qu'elle était, devient légale, c'est-à-dire que les parties ne peuvent plus refuser de composer, et que la loi fixe elle-même le tarif de la composition. Déjà la composition légale apparaît dans la loi de Gortyne pour l'adultère et pour le viol. On la retrouve dans les lois de Solon pour ces crimes et pour d'autres, — mais non pour l'homicide (sinon dans quelques cas exceptionnels). Bientôt l'État demande à partager avec l'offensé la somme qu'il lui assure par son intervention : ainsi une part de plus en plus considérable de la composition se transforme en amende (θέμις). Avec la dépréciation des monnaies et le progrès des actions publiques, la composition légale va disparaître à son tour (p. 383-396).

La législation émancipatrice de Solon a donné au droit attique une supériorité marquée. L'évolution se continue après lui. Les γένη, traités en ennemis politiques par les Pisistratides, battus en brèche dans leurs traditions et leurs préjugés par la religion orphique, achèvent de se désagréger. La constitution de Clisthènes consomme leur ruine (p. 397-400).

°°°

3° *Période classique. La cité souveraine.* — Parmi les conceptions morales qui gouvernent désormais les relations de la cité avec la famille et l'individu, les unes (idée de l'omnipotence de l'État; idées religieuses sur la continuité de la famille et la responsabilité imprescriptible des descendants) tendent à maintenir les anciennes solidarités; les autres (aspirations démocratiques) tendent à instaurer des institutions individualistes. On comprend dès lors l'acuité du conflit que soulève la question de la responsabilité personnelle : c'est toute la crise morale du v^e siècle, dont nous trouvons l'écho dans les œuvres des dramaturges autant que dans celles des philosophes. Eschyle respecte encore le principe de la responsabilité familiale, instituée par les dieux; mais déjà il veut soustraire l'innocent à cette responsabilité, et il exige que le fils du criminel manque aussi à son devoir pour qu'il s'expose à porter, avec le poids de sa faute personnelle, celui du crime héréditaire. Plus hardis, Protagoras et les sophistes s'attaquent au principe lui-même. Pour eux, la famille n'est qu'un groupement artificiel, et le droit criminel ne doit tendre qu'à corriger les coupables et à intimider les méchants : dès lors on ne peut punir un homme pour l'acte d'un autre. Mais cette haute doctrine, qui commence à pénétrer dans la jurisprudence, ne transforme point du jour au lendemain la conscience populaire. Celle-ci conserve longtemps ses habitudes et son goût de la vengeance aveugle; elle justifie traditionnellement les pires atrocités par l'idée du devoir familial; et l'on voit en effet se perpétuer à Athènes les vendettas et les inimitiés héréditaires. L'influence de ces préjugés est si forte que les meilleurs philosophes du IVe siècle n'arrivent pas à s'y soustraire, et à mettre d'accord les idées ambiantes avec les doctrines qu'ils empruntent aux sophistes. Platon admet bien, comme une règle idéale, que le déshonneur et le châtiment du père épargnent les enfants; mais il témoigne encore de son attachement au passé en exceptant le cas où le crime paraît invétéré dans une même famille. Aristote lui-même n'ose répudier le principe du mal héréditaire, mais, — ce qui marque un progrès — au lieu de voir dans l'hérédité une circonstance aggravante, il y voit une excuse légale. Par bonheur les juges sont moins timides que les philosophes. La jurisprudence, touchée de cette sympathie pour le malheur, de ce large amour de l'humanité — vertu idéale de la démocratie — qui ne peut se désigner que par le vocable essentiellement attique de φιλανθρωπία, témoigne sa pitié pour les infortunés qui pâtissent de crimes qu'ils n'ont pas commis. Souvent les jurés athéniens absolvent les coupables pour sauver les innocents. Ainsi la jurisprudence prépare l'entrée de la φιλανθρωπία dans la loi (p. 403-414).

Malgré l'ampleur que prend, dans le droit athénien du Ve et du IVe siècle, le système des actions publiques, l'homicide reste une affaire privée, sanctionnée par une δίκη que les parents du mort mettent seuls en mouvement. Les cas dans lesquels un citoyen quelconque peut poursuivre (par voie d'ἀπαγωγή) un meurtrier se justifient par des considérations exceptionnelles; il faut notamment que le coupable soit de ces hommes contre qui l'ἀπαγωγή est possible (κακοῦργοι, ἄτιμοι ou non-citoyens). Mais, en règle générale, si les parents n'agissent pas, personne ne peut agir. Si le meurtrier n'est autre que le proche parent du mort, et son champion légal, la répression se trouve donc désarmée : d'où l'impunité du parricide, à laquelle on ne remédie qu'indirectement par divers expédients (en intentant l'action publique pour impiété (γραφὴ ἀσεβείας) contre le parent qualifié qui se refuse à agir, ou bien en empruntant la peine de l'excommunication à l'ancien droit religieux des γένη). La transaction privée pour meurtre reste possible, et, dans la pratique, le prix du rachat est proportionné à la gravité du crime (p. 425-442).

Le cas d'homicide reste le seul dans lequel se manifeste encore à notre époque la solidarité active de la famille. La solidarité passive perd aussi du terrain. L'abandon noxal se généralise, et permet au chef de famille de décliner les conséquences du délit de son esclave ou de son enfant. La loi cherche même à aggraver la responsabilité pénale de l'enfant, pour diminuer d'autant la responsabilité civile du père. Les actions pénales ne passent point du *de cujus* contre ses héritiers, ni d'un membre d'une communauté taisible contre les autres communistes. La corréalité entre parents demeure absolument volontaire. Il existe pourtant un cas dans lequel l'ancienne solidarité passive se perpétue intégralement, par faveur pour le créancier : c'est lorsque ce créancier est l'État. Mais encore le droit public doit-il, au cours du v^e^ siècle, s'affranchir de ses anciennes rigueurs (p. 443-455). Ainsi, pendant fort longtemps, les crimes contre la sûreté publique (tyrannie, trahison, etc.) ont entraîné la mort, non seulement du coupable, mais encore de toute sa race. Or cette *peine de mort collective* disparaît dans les lois athéniennes de la deuxième moitié du v^e^ siècle. Le discours *contre Aristogiton*, où l'on croit trouver la preuve du contraire, est apocryphe (p. 456-472). La même transformation se produit pour l'*atimie collective*, cette mise hors la loi d'une famille entière dont on pille et dont on rase la maison, et que l'on chasse hors de la cité : l'atimie s'humanise, tout au moins à Athènes, et en faveur des citoyens. Le cercle des parents qu'elle atteint se rétrécit à tel point que l'institution de l'ostracisme ne sert originairement qu'à frapper d'une atimie partielle et temporaire certains parents des tyrans, personnellement compromis, que l'atimie ancienne avait cessé d'atteindre (p. 473-492). Réduite ainsi au rôle d'une simple dégradation civique, l'atimie s'individualise progressivement, comme le révèle l'examen des diverses espèces où l'on voit, au IVe siècle, l'atimie résulter d'une condamnation. Dès avant 378 l'atimie attachée à la condamnation d'une γραφὴ παρανόμων a un caractère personnel; de même, dès avant 399, l'atimie qu'entraîne la condamnation d'une δώρων γραφή. On a cru, sur la foi de témoignages apocryphes, que l'atimie frappe les enfants des condamnés à mort. En réalité, il n'y a qu'un cas où l'atimie se transmette de père en fils : c'est lorsqu'elle fonctionne comme un moyen de contrainte contre les débiteurs de l'État. La dégradation civique frappe ces débiteurs, jusqu'à ce qu'ils se soient acquittés. Sauf cette exception, d'ailleurs peu importante, il n'y a plus, à Athènes et au IVe siècle, d'atimie héréditaire. Les autres cités grecques ne doivent arriver au même point qu'un siècle plus tard (p. 493-514). La *confiscation de tous les biens* demeure, il est vrai, une peine collective, en ce sens qu'elle atteint toute la famille. La cité grecque n'abolit jamais cette peine, qui procure au trésor d'importantes ressources, et contre laquelle la conscience publique, au témoignage de Platon et d'Aristote, ne proteste guère. Mais, du moins à Athènes, si les juridictions récentes admettent le cumul de la confiscation avec la peine de mort, le vieux tribunal de l'Aréopage s'y refuse toujours; et, à partir de 403, tout cumul de ce genre disparaît. Hors d'Athènes, une évolution analogue se réalise, quoique moins rapidement (p. 515-539). Il existe d'ailleurs des moyens pratiques pour corriger les rigueurs de l'atimie héréditaire et de la confiscation. Les ἄτιμοι réussissent à soustraire leurs enfants à l'incapacité héréditaire en les faisant passer par adoption dans d'autres familles. La confiscation est au fond moins dure qu'elle le paraît : en fait, elle ne dépouille pas la famille du condamné de toute ressource;

les ayants droit produisent à la liquidation du patrimoine confisqué, et l'on accueille volontiers les réclamations, même peu fondées; la femme du condamné se fait restituer sa dot, et obtient des aliments; une partie du patrimoine confisqué reste toujours, sous quelque prétexte, aux mains des parents, et le fisc se laisse assez volontairement berner et gruger. Dans l'indulgence que le peuple fait ainsi paraître pour les innocents entraînés dans la solidarité du châtiment, on discerne déjà une tendance à rompre légalement cette solidarité : tendance que le droit romain réalisera, mais qu'Athènes aurait peut-être réalisée plus vite, si elle avait eu le temps de remplir ses destinées (p. 540-556).

Si le principe de la responsabilité collective a presque complètement disparu de la législation criminelle à Athènes, il a été maintenu sans réserve, et dans toute la Grèce, par le droit religieux, ce résidu de la θέμις. La vengeance divine frappe non seulement les coupables, mais encore leurs enfants, et tout ce qui les touche, assemblée, cité, armée, etc. Cette vengeance, qu'on met en mouvement au moyen des imprécations, menace non seulement les générations présentes, mais encore les générations à venir. L'imprécation contenue dans le serment prévoit d'ordinaire un châtiment héréditaire contre le parjure (p. 557-576). Mais ce principe, que les Grecs trouvent inné au fond de leur conscience, et croient voir appliqué dans le monde, comment arrivent-ils à le justifier? Longtemps l'idée de la solidarité familiale paraît leur suffire; mais il vient un temps où des doctrines nouvelles se dégagent. On voit poindre chez Eschyle, et se développer chez Sophocle, Euripide et les philosophes, l'idée que l'hérédité du malheur découle de l'hérédité du vice, comme l'hérédité du bonheur de l'hérédité de la vertu. A cette explication par l'atavisme, le préjugé des causes finales confère une valeur absolue, et l'on en arrive au dogme du péché originel. En face de ces doctrines, et contrastant avec elles, le principe de la responsabilité individuelle suggère des théories nouvelles : la croyance à la transmission des châtiments en ce monde n'empêche pas les Grecs de croire à l'expiation personnelle des fautes dans l'autre. Les peines infernales ne sont d'abord que des actes de vengeance personnelle accomplis sur les morts par la main des dieux ou des Erinnyes.

Mais l'idée d'une justice d'outre-tombe, conçue selon le modèle de la justice de l'État, et chargée de réparer toutes les iniquités de la vie, s'affirme peu à peu. L'orphisme surtout contribue à dégager cette idée, et, pour montrer, sous les apparences de la responsabilité collective et transmissible, la réalité persistante de la responsabilité personnelle, il développe la théorie de l'atavisme, et la pousse jusqu'à la théorie de la migration des âmes et de la métempsycose. L'hérédité du châtiment se comprend si l'héritier n'est qu'une réincarnation de l'ancêtre coupable. La vie terrestre est un temps d'expiation. L'âme doit parcourir douloureusement un cycle infini d'existences pour que la souffrance la purifie, et lui rende, par la pureté, la vie éternelle de l'au delà. Mais la doctrine orphique, — même vulgarisée par Platon, — n'exerce qu'une faible influence. Les esprits demeurent partagés entre des doctrines flottantes et contradictoires, sans que la croyance à la justice de l'au delà devienne jamais véritablement populaire, et parvienne à détruire la croyance à la responsabilité héréditaire en ce monde (p. 575-597).

De toute cette étude comparative, il résulte que le développement juridique est plus précoce en Grèce que dans le reste du monde, et plus précoce à Athènes que dans le reste de la Grèce. Athènes, dans son droit criminel, a rempli une mission d'affranchissement humain. Cette cité s'est honorée, non seulement par les chefs-d'œuvre de l'art et de la littérature, mais encore par les conceptions élevées du droit (p. 599-608).

⁂

Telles sont, en raccourci, les idées qui forment la trame du livre de M. Glotz. Un résumé comme celui qui précède, sec, nu, sans nuances, défigure forcément une œuvre aussi vivante et aussi complexe. Je ne puis que renvoyer le lecteur au livre même, pour qu'il apprécie comme il convient la couleur pittoresque du style, la saveur subtile ou brutale des belles histoires, empruntées à la mythologie, au folk-lore, ou à la littérature dramatique, qui ornent et illustrent les démonstrations, et surtout cette inspiration généreuse, jointe à tant d'allégresse optimiste, qui domine toute l'exposition, et qui force invinciblement la sympathie : la φιλανθρωπία athénienne a été trop bien décrite par l'auteur pour qu'il n'y ait pas mis beaucoup de lui-même.

Mais, comme il faut que toute qualité éminente se paie par quelques petits défauts, l'excès d'enthousiasme de M. Glotz gâte par moments sa thèse. Épris d'Athènes, il n'en reconnaît pas toujours les faiblesses ; ou s'il en avoue quelques-unes, c'est avec tant d'atténuations, et de si visibles regrets, que la perspective historique s'en trouve un peu faussée. Le miracle athénien s'est-il vraiment étendu au droit? J'avoue que M. Glotz ne m'a pas convaincu. Par exemple, dans les chapitres consacrés aux législateurs athéniens, et spécialement à Solon, il fait honneur à ceux-ci d'une politique législative définie, logique, consciente des résultats à atteindre, inspirée de vues uniques et claires (1) ; et il ramène, de gré ou de force, tous les préceptes qui portent leur nom, à des principes progressistes. Voyez par exemple (p. 330 et sqq.) comment il interprète la célèbre loi de Solon, rapportée par Plutarque (2), qui proscrit les dots, et défend à la future épouse d'apporter plus de trois robes et quelques meubles de faible valeur. Selon M. Glotz, Solon, « en homme d'État qu'il était », savait que sa prohibition n'empêcherait pas les Athéniens de doter leurs filles ou leurs sœurs, et comptait qu'ils compenseraient par des dotations immobilières ce qu'ils n'auraient pu donner en meubles : il aurait ainsi complété son plan préconçu de mobilisation de la terre familiale. Par mal-

(1) Voici, entre beaucoup d'autres, quelques expressions significatives que M. Glotz emploie pour caractériser l'œuvre de Solon : P. 326 : « *Consciemment*, il fit beaucoup pour affranchir les générations futures » ; p. 328 : « Mobiliser le sol, et, pour cela, tirer des coutumes particulières aux γένη les dispositions les plus libérales, les plus imbues de l'individualisme, les faire sortir des γένη pour les appliquer à tous les citoyens, sans acception de personnes, *tel fut l'objet que se proposa Solon*, *telle fut sa méthode*... »; p. 334 : « *La volonté constante* de rompre la solidarité matérielle du γένος explique toutes les nouveautés introduites par Solon dans la loi successorale... » ; p. 340 : Solon manifesta « *l'idée arrêtée* de restreindre autant que possible le droit des collatéraux... », etc. Les réserves critiques formulées sur l'authenticité d'une partie de l'œuvre attribuée à Solon ne paraissent pas avoir touché M. Glotz. Cf. Lambert, *La fonction du droit civil comparé*, I (1903), p. 626-628.

(2) Plut., *Sol.*, 20.

heur le texte de Plutarque est catégorique. Solon, dit-il, proscrivit les dots (ἀφεῖλε τὰς φερνὰς). Je ne vois pas que la dot immobilière tombe moins que la dot mobilière sous le coup de cette proscription générale. L'interprétation de M. Glotz paraît arbitraire. Faut-il s'en étonner? Ne savons-nous pas que les législateurs primitifs dépendent de la coutume plus qu'elle ne dépend d'eux (1), que leur initiative et leur autorité créatrice se meuvent dans d'étroites limites, que leur œuvre reflète nécessairement, et quoi qu'ils veuillent, les tendances les plus diverses, parfois les plus opposées? Rien d'étonnant à ce que certaines lois attribuées à Solon « ne s'harmonisent pas avec l'ensemble de sa législation » (2) : ne cherchons pas à mettre artificiellement l'harmonie là où elle ne peut exister ; résignons-nous à voir dans les législateurs athéniens, non de profonds réformateurs, mais des rédacteurs de la coutume, et concluons qu'Athènes ne doit aucune supériorité marquée à la clairvoyance d'un Dracon ou d'un Solon.

M. Glotz ne prouve pas davantage qu'à l'époque classique Athènes ait rempli une mission juridique exceptionnelle. Les chapitres qu'il consacre à la peine de mort collective, au bannissement collectif, à la privation collective des droits civiques, et à la confiscation ne forcent pas la conviction. Toute son ingéniosité n'a pas suffi à infirmer sur ce point l'opinion généralement suivie, et à écarter tel témoignage des *Tétralogies* d'Antiphon ou du discours *contre Aristogiton* attribué à Démosthène, au sujet de la peine de mort collective infligée par les Athéniens à la magicienne Théôris et à sa race, ou au sujet de l'atimie infligée aux fils des condamnés à mort, — ou à excuser les iniquités du système de la confiscation. D'ailleurs sommes-nous assez également renseignés pour distribuer ici, en connaissance de cause, le blâme et l'éloge? M. Glotz sait mieux que personne que nous connaissons mal les droits des cités autres qu'Athènes, et que les témoignages épars que nous possédons à cet égard sont parfois suspects de partialité. Malgré tout, M. Glotz doit reconnaître que le droit religieux d'Athènes a toujours admis les peines collectives. De sorte que

(1) Sur la fonction *technique* de la législation, voy. Lambert, *op. cit.*, p. 104-106.

(2) Glotz, p. 331.

la prédilection qu'il marque pour Athènes, au point d'abandonner parfois l'attitude objective de l'historien, ne repose même pas sur des faits indiscutables. En réalité, pour qui examine les choses sans parti pris, Athènes ne fut point prédestinée ; les rares avantages précoces que son droit a présentés (surtout au point de vue privé : absence de formalisme par exemple) ne sont pas le fruit d'un heureux génie, mais le fruit d'un certain développement économique. Athènes est devenue assez tôt une ville commerçante. Dès le v<sup>e</sup> siècle, son droit porte une empreinte commerciale. Telles traditions individualistes, tels désirs d'indépendance, tel respect des libertés humaines fleurissent surtout dans les sociétés marchandes : l'Angleterre n'est-elle pas, depuis deux siècles, la patrie de certain libéralisme et de certaine φιλανθρωπία? Car il en faut toujours revenir, quoi qu'on veuille, au principe du matérialisme historique. Nous avons déjà, dans notre littérature juridique, assez d'une histoire sainte (c'est l'histoire du droit romain que je veux dire), sans que nous nous en imposions une seconde.

Cette critique générale formulée, il n'y a presque que des éloges à adresser à M. Glotz. Nul ne connaît mieux que lui le très ancien droit grec. Il en a scruté les sources, — toutes les sources, — avec une probité, une pénétration, un sens historique remarquables. Chose plus rare chez un homme que ses études ne préparaient point directement au commerce des choses juridiques, il a pleinement compris le mécanisme des institutions qu'il a décrites : cela lui donne une large avance sur tant d'historiens, doués par ailleurs de qualités estimables, qui dépeignent l'écorce du droit sans pénétrer à la substance vive, et par qui nous ne connaissons que des apparences creuses, sans concevoir comment ces simulacres s'adaptent aux besoins des hommes. A peine si les juristes, habitués à des précisions presque excessives, relèveront par-ci, par-là, quelques incertitudes dans l'emploi des termes ou des notions techniques (1). J'ai dû moi-même, dans le résumé qui pré-

(1) On s'étonnera par exemple (p. 169) de voir mentionner des *Obligations réelles ex delicto;* on s'étonnera encore (p. 184) d'entendre parler d'*abandon noxal* à propos de l'expulsion d'un coupable hors de son γένος : car l'abandon noxal suppose, non seulement une expulsion, mais encore un transfert; et il ne peut être question d'abandon noxal dans un système pénal où les

cède, traduire quelques formules de M. Glotz dans la langue qui nous est plus familière. On regrettera encore certains flottements, par exemple dans la conception du γένος (1) : l'auteur nous le présente, tantôt comme une société monarchique, ayant pour lien essentiel la puissance absolue du chef (p. 4, 36, 96), et comparable à la famille romaine — et tantôt comme une république où la souveraineté indivise est exercée par l'assemblée générale (p. ex. p. 38 et sqq.). A ces flottements dans la conception du γένος correspondent des flottements dans la conception de la propriété du γένος. Quel est, aux différentes époques, le régime de la propriété pour les différents biens, spécialement pour la terre? M. Glotz omet de définir, par leurs caractères juridiques, les divers régimes possibles. Tout ce que nous arrivons à savoir, c'est qu'il répudie, après M. Paul Guiraud, la théorie soutenue par M. Esmein, d'après laquelle les Grecs de la période homérique auraient connu une forme de communauté agraire avec allotissements périodiques. Mais en étaient-ils encore à la copropriété familiale proprement dite, ou bien connaissaient-ils déjà la propriété individuelle concentrée sur la tête du chef, ou même la propriété individuelle éparpillée entre les autres membres de la famille? Nous l'ignorons, et nous ignorons de même le développement par lequel la propriété s'est individualisée de plus en plus. M. Glotz présente même la propriété individuelle comme une *cause* de la désagrégation familiale, alors qu'elle en est bien plutôt un effet. La propriété individuelle n'apparaîtrait pas, si la cohésion familiale demeurait entière : il faut que l'esprit d'initiative et le goût de l'indépendance aient entamé le vieux bloc pour que s'émiette la propriété collective.

Je note encore, en passant, quelques autres chicanes qu'on pourrait chercher à M. Glotz. Dans la bibliographie si riche utilisée par lui, on relèverait quelques lacunes : par exemple on regretterait qu'il se soit privé (dans son chapitre VI) du secours que lui aurait fourni le beau travail de M. P.-F. Girard sur les *Actions noxales en droit romain*. Ailleurs, M. Glotz n'a

compositions sont encore volontaires. — L'abandon du navire et du fret (Glotz, p. 188, 1) correspond à des idées très différentes, etc.

(1) Cf. sur ce point Swoboda, *Beiträge zur griech'schen Rechtsgeschichte*, Weimar, 1905 (Extr. de la *Z. der Savigny-Stiftung*), p. 89, 2.

pas paru s'aider suffisamment des résultats que lui fournissaient la sociologie et l'histoire des religions. L'hypothèse totémique, qui suggérait une explication naturelle et séduisante de la vengeance du sang exercée contre certains animaux (p. 178 et sqq.), méritait au moins d'être discutée. Ailleurs encore, M. Glotz a interprété un peu complaisamment certains textes, comme ces vers d'Hésiode (*O. et D.*, V. 340-345), évidemment relatifs à un litige immobilier, qu'il rapporte à la procédure traditionnelle de poursuite et de perquisition d'un objet (mobilier) dérobé.

Mais ce sont là taches bien légères, et qui disparaissent devant les qualités éminentes de l'ensemble.

***

De ces qualités, il en est une sur laquelle je voudrais particulièrement insister. Le livre de M. Glotz tire en effet un mérite singulier de l'usage qui y est fait du droit comparé. Quoique la méthode comparative doive s'imposer particulièrement dans une étude de droit grec, vu la pénurie des sources proprement juridiques, M. Glotz est un des premiers hellénistes qui aient osé s'en servir (1). Il a même fait preuve de courage en proclamant (*Introduction*, p. 4) la fécondité de cette méthode. Mais peut-être n'a-t-il pas tout dit sur ce sujet; il me semble qu'on peut ajouter quelque chose à sa démonstration, en posant la question autrement. Quelques développements sur ce point ne seront pas superflus.

Quand on demande : « Peut-on » ou « Doit-on faire du droit comparé ? », on suppose qu'on peut ne pas en faire. Or cela est faux ; on ne peut pas ne pas en faire. De tout temps les historiens du droit ont fait du

(1) Il serait injuste de ne pas rendre hommage ici aux services que MM. Dareste et Esmein ont rendus à la méthode comparative appliquée au droit grec. Remarquons que, par une coïncidence heureuse, un des meilleurs historiens actuels du droit grec, M. Hitzig, vient d'entretenir le *Congrès de droit comparé* de Berlin (séance du 20 oct. 1905) de l'intérêt que présente l'ancien droit grec au point de vue du droit comparé. Hitzig, *Die Bedeutung des altgriechischen Rechts für die vergleichende Rechtswissenschaft* (Extrait de la *Zeitschr. für vergleichende Rechtswissenschaft*, XIX), Stuttgart, 1906.

droit comparé, quelques-uns consciemment, la plupart sans le savoir, comme M. Jourdain faisait de la prose. Pour méconnaître cette vérité élémentaire, il faut s'illusionner sur les conditions de l'élaboration historique, et sur la place qu'y tiennent respectivement l'information documentaire et l'imagination. Cette question de discipline n'est pourtant pas neuve : il suffit de renvoyer à l'*Introduction aux études historiques* de MM. Langlois et Seignobos (1). On a montré qu'on s'abuse en traitant l'histoire comme une science d'observation directe. Malgré des métaphores répandues, et dangereuses si on en est dupe, l'historien ne « voit » ni ne « constate » ni n' « analyse » les faits dont il traite. Il ne voit que les *traces* de ces faits, qu'on nomme *monuments*. La critique, même la plus minutieuse, ne conduit pas jusqu'aux faits. L'historien, ne les observant pas directement, doit encore les imaginer. Les monuments éveillent chez chacun de nous des images, plus ou moins nettes, plus ou moins complètes, qui surgissent par une opération spontanée, et dont nous ne sommes pas maîtres d'abord; ces images se modèlent sur les exemples que nous fournit la réalité actuelle, et elles sont généralement fausses. Mais le but de l'histoire est précisément de les rectifier, et la méthode historique nous conduit à imaginer des faits qui ne soient pas imaginaires. Des expériences nouvelles et répétées doivent nous permettre de remplacer un à un les traits faux par des traits exacts. « Nous avons vu des gens à cheveux roux, des boucliers, des francisques (ou des dessins de ces objets); nous rapprochons ces traits pour corriger notre image première des guerriers francs... » (2).

Il n'était pas inutile de rappeler ces idées, parce que, appliquées à l'histoire des rapports des hommes entre eux, et spécialement à l'histoire du droit, elles nous conduisent à une plus juste appréciation du rôle du droit comparé. Les historiens du droit disposent de monuments assez différents — généralement écrits (lois, coutumes, sentences judiciaires, actes concrets de la pratique, œuvres des jurisconsultes, etc.)

(1) Langlois et Seignobos, *Introduction aux études historiques*, Paris, 1898, p. 184 et sqq.

(2) Langlois et Seignobos, p. 192.

— et plus rarement figurés (1); mais ces monuments ne sont encore que des traces du droit ancien; il faut en dégager la substance vivante, et, à cet effet, imaginer ce droit par une comparaison. Tous les historiens du droit ont agi ainsi, et c'est ce qui m'autorise à dire qu'ils ont fait du droit comparé. Seulement la plupart de ces comparatistes inconscients ont pris comme terme de comparaison le droit de leur temps; ils se sont posé, pour l'objet de leurs études, toutes les questions — et celles-là seulement — que leur fournissait leur connaissance des institutions contemporaines (2); quelques-uns, par exemple, ont exposé le droit privé du XIIIe siècle dans l'ordre des articles du Code civil de 1804; la plupart, sans aller jusque-là, ont mesuré les choses juridiques anciennes à l'aune de leur conscience juridique actuelle. Et quels résultats n'ont-ils pas obtenus!

On s'est même complu récemment à ériger ce procédé en système (3), et à recommander certaine méthode « *des applications pratiques* », qui, ramenée à ce qu'elle a d'essentiel, consiste à résoudre les questions obscures d'histoire à la lumière de l'esprit pratique contemporain. Cet esprit pratique doit, paraît-il, nous révéler les mobiles invariables auxquels ont obéi les hommes des milieux les plus divers (4). Singulière

(1) Sur les monuments figurés du droit, voy. notamment Girard, *Histoire de l'organisation judiciaire des Romains* (Paris, 1901), p. XV-XVII; Karl von Amira, *Die Dresdener Bilderhandschrift des Sachsenspiegels* (Leipzig, 1902). Cf. Des Marez, *De l'illustration des manuscrits juridiques, à propos d'une publication récente. Nouv. Rev. hist. de droit*, XXVIII, 1904, p. 371 et sqq.

(2) Langlois et Seignobos, p. 195 : « Il ne faut pas appliquer à une société barbare un questionnaire dressé d'après l'étude d'une nation civilisée, et vouloir trouver, dans un domaine féodal, quels agents répondaient à chacun de nos ministères, — comme l'a fait Boutaric dans son étude sur l'administration d'Alphonse de Poitiers ».

(3) *Zeitschr. der Savigny-Stiftung für Rechtsgeschichte*, Rom. Abth., XXVI (1905), p. 42 et sqq.

(4) *L° C°* : La *méthode des applications pratiques* « consiste à suivre dans toutes leurs conséquences concrètes possibles les solutions proposées, en un mot, à les mettre à l'épreuve d'une pratique artificielle. Artificielle, mais non conjecturale. En effet, pour découvrir sûrement ces conséquences, il suffit, après s'être bien pénétré du caractère du milieu social où elles vont se produire, de se rappeler la nature de l'homme et les mobiles qui le font agir. *Ils ne varient pas*, et, dans leur action, non sur un individu déterminé,

illusion que de conférer aux besoins pratiques une permanence qu'on ne reconnaît, ni aux conceptions morales, ni aux conceptions juridiques ! A l'heure où se meurt le droit naturel, on fait revivre je ne sais quelle « pratique naturelle ». Fort heureusement l'éminent jurisconsulte qui a formulé ce système l'a rarement appliqué, et n'a fait céder qu'exceptionnellement son sens historique devant les suggestions des « applications pratiques ». Mais les quelques cas où il a tenu à suivre ses principes révèlent assez leurs dangers (1).

mais sur les grands nombres, le résultat peut être prévu avec certitude ». On ne comprend pas très bien pourquoi le savant auteur, en postulant l'invariabilité des mobiles humains, demande qu'on se pénètre du caractère du milieu social où ces mobiles agissent. Car enfin, ou bien ils sont réellement invariables, et alors qu'importe le milieu? Il suffit de « lever les yeux de dessus ses livres, de regarder ce qui se passe dans la rue » (*Ibid.*, p. 45, note) pour résoudre, avec l'esprit pratique moderne, les énigmes de la préhistoire juridique. — Ou bien les mobiles varient avec les conditions du milieu, sans qu'on puisse dire *a priori* dans quel sens, et que reste-t-il alors de la *méthode des applications pratiques?*

(1) Je ne puis que renvoyer, à ce propos, aux objections décisives formulées par M. P.-F. Girard (*Une exception à la division de la loi Furia de Sponsu. Studi in onore di Carlo Fadda*, Naples 1905, notamment, p. 6, n. 3, § 3) contre certains résultats obtenus par la méthode des applications pratiques. — Un autre exemple nous est fourni par les deux pages (*Z. Sav.-St.*, *l° c°*, p. 29-31) où cette méthode est employée pour éclairer l'origine de la société tacite établie entre les *sponsores* et *fidepromissores* par la loi *Appuleia* : la loi n'aurait fait que régulariser et généraliser une pratique antérieure, pratique consistant, pour les cautions prudentes, à former conventionnellement entre elles des sociétés d'assurance mutuelle contre le risque d'insolvabilité du débiteur ; elles auraient déjoué du même coup les manœuvres des créanciers sans scrupules, qui, tout en se faisant payer par l'une d'elles, auraient voulu faire chanter les autres en menaçant de les poursuivre. Tout cela, à vrai dire, n'est pas dans les textes, mais c'est *si humain !* — Le malheur est que les textes, éclairés par le droit comparé, nous suggèrent tout autre chose. Nous savons, d'une façon générale, que les formes les plus anciennes de sociétés ont leurs origines dans la communauté familiale (Voy. Girard, *Manuel de droit romain* [4], p. 573, et les citations ; De Medio, *Contributo alla storia del contratto di società in Roma*, Messine, 1901 ; Goldschmidt, *Universalgeschichte des Handelsrechts*, 1891, p. 254, 271-272, etc.). Nous savons aussi que l'obligation de cautionner, comme celle de servir de cojureur ou de témoin (Cf. Glotz, *Solidarité*, p. 288 et sqq. ; 294) est, dans les sociétés jeunes, une obligation familiale, s'exerçant, suivant les cas, dans des cercles plus ou moins larges (famille étroite, agnats, clients et patrons, etc.) (Glotz, *Solidarité*, p. 451, 6, et les citations ; Brissaud, *Manuel d'histoire du droit français*, Pa-

Tout le problème du droit comparé aboutit donc, à mon sens, au dilemme suivant : pour faire surgir le passé juridique des traces qu'il nous a laissées, nous servirons-nous du droit contemporain, ou bien de droits anciens parvenus à des étapes analogues du développement? Pour comprendre le fonctionnement des comices de Servius Tullius, nous inspirerons-nous des *placita* francs, ou du Parlement de notre troisième République? Mais demandons aux archéologues qui ont exhumé les fondations du temple de Delphes, s'ils ont songé à le reconstituer en s'inspirant d'autres temples grecs, ou en s'inspirant de la tour Eiffel? aux paléontologues qui ont déterré une carpe fossile, s'ils l'ont reconstituée en la comparant à une carpe ou bien à un lapin? à tous les savants qui ont voulu classer par séries les *choses* qui font l'objet de leurs études, s'ils ont rapproché des choses voisines ou des choses éloignées? Il n'y a que ces deux alternatives ; il faut absolument choisir. Sans poser le problème en ces termes, M. Glotz n'a pas hésité à

ris, 1904, p. 1475, n. 1-4). Tout porte à croire d'ailleurs que le droit romain ancien a reconnu aussi au cautionnement un caractère familial : car il serait difficile d'expliquer, autrement que par une survivance atténuée, cette obligation morale de cautionner qui incombe, jusqu'au début de l'Empire, aux parents vis-à-vis de leurs parents, aux patrons vis-à-vis de leurs clients (*Zeitschr. der Savigny-Stiftung*, *l° c°*, p. 41-42). Et nous comprenons qu'un pareil système ne comporte ni recours des cautions contre le débiteur, ni recours des cautions entre elles; le droit interne de chaque famille suffit à régler leurs rapports respectifs. Le besoin de ces recours n'apparaît qu'avec la désagrégation des groupes familiaux. Ce n'est que lorsque le droit interne des familles perd de son autorité, et lorsque l'usage s'introduit de demander et de recevoir des cautions étrangères à la famille ou à la *gens*, que se fait sentir le besoin d'un recours entre cautions, sanctionné par le droit de la cité : la loi *Appuleia*, comme la loi *Publilia*, régularise, et étend à des *extranei*, des règles du vieux droit familial. Spécialement la loi *Appuleia* imite artificiellement l'ancien lien familial en créant entre cautions une sorte de société : « *quædam societas* » : évolution identique à celle qui a fait sortir la *societas omnium bonorum* du *consortium* domestique. Cette hypothèse a le tort, il est vrai, de ne point satisfaire notre esprit pratique actuel. Je sais aujourd'hui des notaires que scandaliserait l'organisation exclusivement familiale du cautionnement et des avoués qui ne pourraient digérer l'institution des cojureurs. Mais nous nous consolerons des résistances de nos praticiens, pourvu que le droit comparé, éclairant les témoignages directs que nous possédons, nous fournisse des solutions acceptables pour les contemporains de Plaute ou de Caton, tout simplement.

prendre parti, et à employer la méthode comparative de la façon la plus scientifique. Notamment, il a marqué la préoccupation de ne l'appliquer qu' « aux sociétés parvenues au même stade de civilisation, et autant que possible apparentées » (*Introduction*, p. x). M. Glotz a, par là, heureusement élargi la portée de son livre. On a déjà dit, et il faut répéter ici, que ce livre de droit grec est en même temps la meilleure étude de droit comparé que nous possédions sur la solidarité familiale primitive. Certaines parties (p. ex. les chapitres consacrés à la vengeance du sang et à la préhistoire du délit privé) sont à cet égard hors de pair.

La thèse de M. Glotz pourrait suggérer encore mainte observation : elle est en effet de ces rares livres, pleins de faits et d'explications, qui, en nous apprenant beaucoup, éveillent notre appétit de savoir, et, en renouvelant nos idées, nous incitent encore à penser. Mais ce compte rendu est déjà trop long. Il faut savoir finir. Une analyse, si développée qu'elle soit, n'épuise pas la substance d'une œuvre vraiment forte et riche. On ne la résume que pour convier à la lire. Tous les historiens du droit, aussi bien que les hellénistes et les sociologues, devront lire le beau livre de M. Glotz. Ils y trouveront profit.

P. Huvelin.

BAR-LE-DUC. — IMPRIMERIE CONTANT-LAGUERRE.

www.ingramcontent.com/pod-product-compliance
Ingram Content Group UK Ltd.
Pitfield, Milton Keynes, MK11 3LW, UK
UKHW020440220726
13923UKWH00005B/2243

9 782019 273354